Md. Nasfikur R. Khan
Faisal Bin Shahin
Sarmila Yesmin

Melhorar o sistema de controlo de um simulador de dedos

Md. Nasfikur R. Khan
Faisal Bin Shahin
Sarmila Yesmin

Melhorar o sistema de controlo de um simulador de dedos

O trabalho de investigação foi realizado nas instalações do laboratório do Departamento de Engenharia Biomédica da Universidade de Newcastle, Reino Unido

ScienciaScripts

Imprint
Any brand names and product names mentioned in this book are subject to trademark, brand or patent protection and are trademarks or registered trademarks of their respective holders. The use of brand names, product names, common names, trade names, product descriptions etc. even without a particular marking in this work is in no way to be construed to mean that such names may be regarded as unrestricted in respect of trademark and brand protection legislation and could thus be used by anyone.

Cover image: www.ingimage.com

This book is a translation from the original published under ISBN 978-620-2-30379-8.

Publisher:
Sciencia Scripts
is a trademark of
Dodo Books Indian Ocean Ltd. and OmniScriptum S.R.L publishing group

120 High Road, East Finchley, London, N2 9ED, United Kingdom
Str. Armeneasca 28/1, office 1, Chisinau MD-2012, Republic of Moldova, Europe
Managing Directors: Ieva Konstantinova, Victoria Ursu
info@omniscriptum.com

Printed at: see last page
ISBN: 978-620-8-58781-9

Agradecimentos

Gostaria de aproveitar esta oportunidade para agradecer ao meu supervisor de projeto, Dr. Andrew Naylor, pelo seu apoio, orientação e conselhos. Além disso, gostaria de agradecer a duas pessoas importantes, o Sr. Paul Watson e o Sr. Paul Harrison, que me apoiaram durante todo o processo e cujas sugestões valiosas me ajudaram a ultrapassar sessões de laboratório stressantes.

Por último, gostaria de agradecer ao meu primo, Dr. Mohammad Majharul Haque Khan, pelo seu incentivo, apoio e ajuda enquanto engenheiro mecânico.

Índice

Capítulo 1

Introdução

A utilização de próteses num ser humano é muito comum hoje em dia. Antes de serem utilizados no corpo humano, os dispositivos têm de ser testados corretamente para evitar quaisquer lesões e problemas futuros associados às próteses. Da mesma forma, os instrumentos de teste relacionados também precisam de ser validados em relação às experiências cirúrgicas antes de serem montados no corpo humano. A articulação do dedo é uma articulação complexa que contém dois tipos diferentes de ossos, as falanges e os metacarpos. A articulação do dedo, conhecida como articulação metacarpofalângica, é uma das articulações artificiais menos frequentemente implantadas [3].

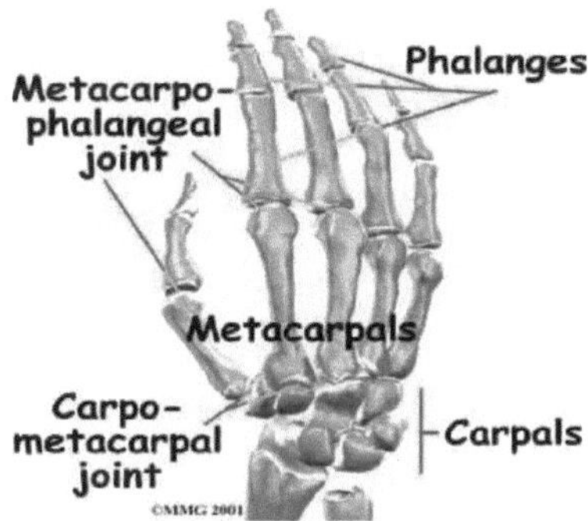

Figura 2.1 Ossos/articulações da mão [1]

Existem vários tipos de dispositivos de prótese utilizados na articulação metacarpofalângica. No entanto, a prótese de silicone Swanson tem sido amplamente utilizada como "substituto de eleição" para a artroplastia da articulação do dedo. O material de substituição de superfície coerentemente utilizado é o Cobalto-Crómio (CoCr) e é fixado no suporte da haste de nylon (figura (2)).

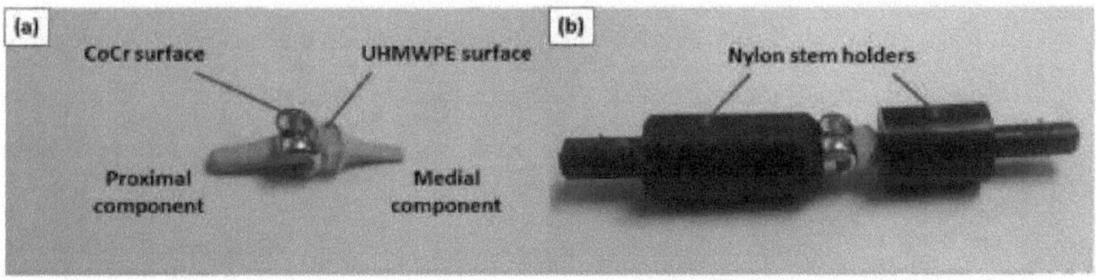

Figura 2.2 (a) Par de próteses sem restrições com superfícies etiquetadas e (b) par de próteses contidas em suportes de hastes de nylon [2]

Para a simulação de próteses de dedos, existem muito poucos simuladores atualmente disponíveis para utilização. No entanto, a maior parte dos simuladores consiste em testes de flexão - extensão e pinça. Atualmente, a Escola de Engenharia Mecânica e de Sistemas da Universidade de Newcastle está na posse de quatro simuladores pneumáticos que foram anteriormente utilizados para testar próteses de dedos. Cada simulador efectuou cerca de cem milhões de ciclos de flexão e extensão, o que oferece possibilidades significativas de melhoria em vários aspectos.

1.1 Finalidades e objectivos

Recentemente, têm sido utilizados diferentes tipos de placas de circuitos programáveis actualizadas, como o Arduino Uno, o Arduino Mega e o Raspberry Pi, etc., para executar e controlar diferentes projectos ou sistemas electrónicos. O objetivo deste projeto é melhorar a conceção e o funcionamento do simulador de dedo utilizando uma placa de circuito programável e divide-se em três categorias diferentes: conceção, fabrico e teste. O simulador de controlo não será modificado para permitir a realização de testes de referência consecutivos.

Para atingir o objetivo do projeto, começamos por discutir o simulador com que estamos a trabalhar e o hardware e software relacionados.

- Um simulador de dedos de uma estação com quatro pneumáticos.
- Depois, asseguràmos um espaço onde pudéssemos trabalhar com o simulador sob uma orientação adequada.
- De seguida, vários equipamentos, como uma ventoinha de 12V e um sensor de ruído, têm de passar pelo mesmo tipo de sistema. Através deste procedimento, podemos verificar a utilização do relé de 8 canais com o Arduino Uno Rev3.
- Depois de confirmar o procedimento de funcionamento do relé e do Arduino, tentamos mencionar todas as válvulas do simulador com nomes diferentes: válvula 1, garfo, pinça,
- Em seguida, dividimos a parte de conceção do projeto em três partes diferentes: receber o sinal analógico dos sensores, converter a entrada analógica em saída digital através da válvula 1 e depois continuar com a válvula 2, a válvula 3 e a válvula 4 consecutivamente.
- Mais tarde, ao escrever os códigos de programação, tenta-se que o IDE funcione como um circuito de reinicialização e, em seguida, é necessário ligá-lo à placa de ensaio para obter o sinal do sensor.
- Por último, a execução dos códigos de programação deve ser efectuada no simulador sem qualquer erro.

1.2 Síntese do relatório

Este relatório explicará a conceção e a simulação do sistema de controlo do simulador de dedos controlado pelo Arduino Uno Rev3 em 7 capítulos diferentes.

O Capítulo 1 apresenta os antecedentes do simulador de dedo, as metas e os objectivos do projeto.

O Capítulo 2 descreve a estrutura do simulador de dedo e as revisões da literatura relacionadas com o projeto, bem como as experiências anteriores de conceção de sistemas incorporados semelhantes.

O capítulo 3 explica o processo de conceção do sistema de controlo. Aqui, serão descritas todas as etapas da conceção do circuito. Paralelamente, será apresentado o procedimento de funcionamento do simulador de dedo, onde será efectuada a simulação global (após a inclusão do circuito concebido).

O capítulo 4 apresentará os resultados dos testes e os resultados finais do projeto.

No capítulo 5, serão identificados os pontos fracos e as várias formas de melhorar a conceção do simulador de dedos.

O capítulo 6 explicará o custo do projeto, incluindo todos os componentes e equipamentos utilizados no projeto para o desenvolvimento do simulador de dedo.

O capítulo 7 resume o projeto e descreve o trabalho futuro para obter um melhor resultado.

Capítulo 2

Revisão da literatura

O simulador de dedos funciona numa única estação. A carga através do simulador pode ser variada para flexão-extensão e pinça, e a velocidade de flexão-extensão pode ser variada juntamente com o lubrificante e a temperatura. O simulador foi concebido basicamente para próteses MCP (metacarpofalângicas), embora possa ser utilizado para simular quaisquer outras próteses articulares com cargas, movimentos e dimensões adequados. Inicialmente, flexiona uma prótese ciclicamente numa amplitude de movimento de 90 graus, o que representa a luz de carga no momento da flexão-extensão. Em seguida, aplica uma carga estática potente para imitar a preensão por pinça.

2.1 Estrutura do simulador

O simulador de dedos é uma máquina com uma única estação e a carga através do simulador pode ser variada para flexão-extensão e pinça, e a velocidade de flexão-extensão pode ser variada juntamente com o lubrificante e a temperatura. O simulador foi concebido basicamente para próteses MCP (metacarpofalângicas), embora possa ser utilizado para simular quaisquer outras próteses articulares com cargas, movimentos e dimensões apropriados. O ft flexiona uma prótese ciclicamente ao longo de uma gama de movimentos de 90 graus, o que representa a luz de carga no momento da flexão-extensão. De seguida, aplica uma carga estática poderosa para imitar a preensão por pinça [3].

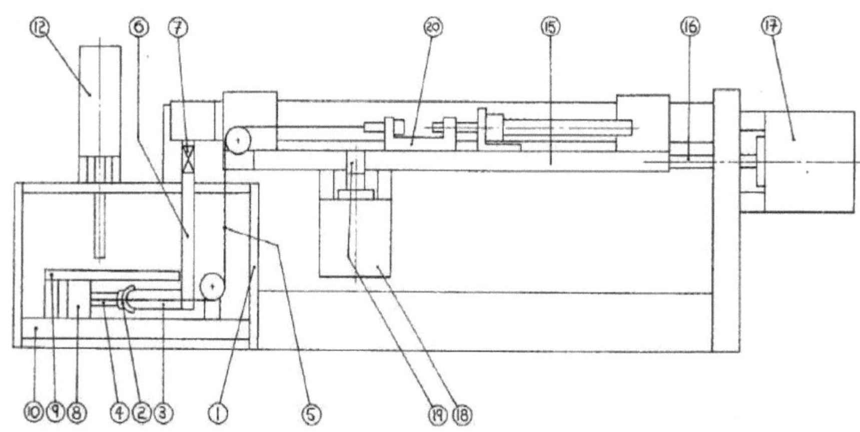

Figura 3.1 Vista lateral do simulador de desgaste dos dedos [3]

No meio do simulador, existe uma banheira (1), onde foram efectuados os testes. A prótese de teste (2) é montada em dois suportes na banheira. Um destes suportes representa o osso metacarpo (3), que se mantém estacionário, e o outro representa a falange proximal (4), que oscila contra a ação dos tendões (5). Ambos os suportes têm ombros, o que ajuda a fixar a sua localização. O suporte do osso metacarpo é montado na base de um cantilever de secção quadrada (6) e a carga pode ser medida em duas direcções através de oito extensómetros (7), que estão montados no cantilever. O suporte das falanges é mantido numa braçadeira e roda livremente através do arco (8). Está situado entre uma placa de base de aço inoxidável (10) e uma peça de arco polimérica (9). Uma roldana móvel (11) foi fixada à placa de base e representa a placa volar e os ligamentos metacarpianos

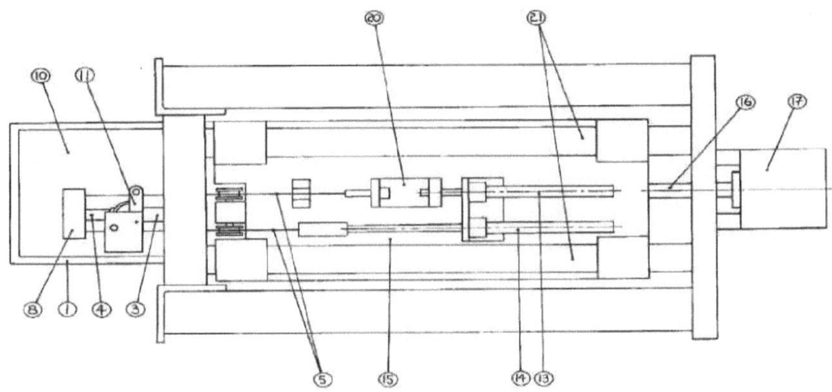

Figura 3.2 Vista em planta do simulador de dedos [3]

Um cilindro pneumático (12) está também montado na banheira ao longo de uma haste de aço inoxidável, que funcionou como um "polegar". Os cilindros pneumáticos proporcionam os mecanismos de flexão-extensão e de pinça, que estão posicionados por cima e por trás da banheira. Para além disso, as roldanas conduzem os tendões do banho para os cilindros pneumáticos (dois), que proporcionam individualmente a flexão (13) e a extensão (14). Estes cilindros estão montados numa corrediça de alumínio (15) e ligados por um acoplamento universal (16) ao cilindro grande (17) na parte de trás da estrutura [3]·

Ao mesmo tempo, outro cilindro pneumático (18) é amplificado como um "garfo de paragem do flexor" (19), que aparece através do cursor de alumínio. Quando o cilindro grande (17) é ativado, o ajustador do flexor (20) é puxado contra o garfo de paragem do flexor. Duas hastes de aço (21), cada uma montada num par de casquilhos, permitem o movimento do cursor de alumínio leve durante o período de ativação do cilindro leve [3].

Anteriormente, este sistema era controlado por dois grandes microcontroladores PIC, que estão desactualizados. Além disso, o sistema de controlo também apresentava muitos pontos fracos. Por exemplo, era demasiado grande, os códigos de programação eram inalteráveis, consumia muita energia e tinha uma conceção muito crítica, etc.

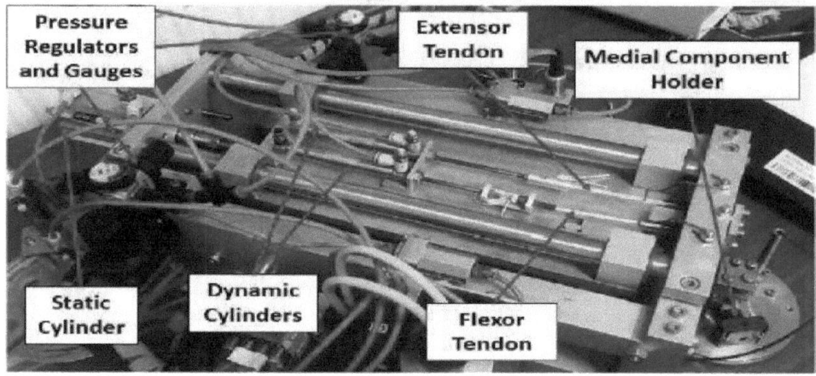

Figura 3.3: O simulador de dedos [2]

2.2 Sistema incorporado

O sistema incorporado é um tipo de sistema informático que é utilizado para trabalhar, organizar ou executar tarefas de acordo com um plano, regras e aplicações adequados. Basicamente, o sistema incorporado é um dispositivo que ajuda a reunir várias unidades e a trabalhar em conjunto de acordo com o plano. Além disso, um software é incorporado no hardware, o que cria um sistema afetado a uma aplicação ou a uma parte específica de um sistema. Processa um conjunto fixo de instruções pré-programadas para controlar equipamento eletromecânico que pode fazer parte de um sistema ainda maior (não é um computador com teclado, ecrã, etc.)

Para organizar um sistema incorporado, os microcontroladores são os elementos mais essenciais.

2.2.1 Microcontroladores

Um microcontrolador é um pequeno computador que contém um microprocessador que controla alguns aspectos do ambiente. Os microcontroladores são utilizados para controlar automaticamente alguns dispositivos e motores, como o sistema de domótica, o sistema automóvel, os dispositivos médicos, os dispositivos de controlo remoto, as ferramentas de controlo de potência, os quadricópteros e outros sistemas incorporados. Alguns microcontroladores utilizam palavras de 4 bits. Para reduzir o consumo de energia, este tipo de microcontroladores funciona com frequências de relógio tão baixas como 4000 Harz. O microcontrolador é o aspeto principal da conceção de um sistema incorporado.

2.2.1.1 Microcontroladores mais comuns

Existem muitos microcontroladores de diferentes marcas. Aqui, uma discussão sobre alguns dos microcontroladores tem sido usada para o sistema de automação residencial.

- Série AT89 da Atmel: A série AT89 é um microcontrolador da família Intel 8051, que é um microcontrolador de 8 bits e é fabricado pela Atmel Corporation.
- Série Atmel AVR: O Atmel AVR é um microcontrolador de chip único desenvolvido pela Atmel ini996.
- Série AT91SAM (Microcontroladores ARM inteligentes AT91): O AT91 é um circuito integrado de microcontrolador de 32 bits produzido pela Atmel.
- Intel MCS-51 ou série 8051: O 8051 é uma série de microcontroladores de chip único desenvolvida pela Intel e utilizada em sistemas incorporados.

Para a realização do projeto, foi utilizado um microcontrolador da série Atmel AVR (ATmega328). O ATmega328 é, de facto, um microcontrolador de reset, o que ajuda a construir um circuito de reset forte.

A ambição do projeto é controlar o processo de simulação utilizando uma placa Arduino 'UNO' Rev3 e um software de ambiente de desenvolvimento integrado (IDE), uma vez que foi utilizada uma linguagem de programação 'C' para a simulação.

2.3 O Arduino UNO Rev3

O Arduino é uma plataforma de código aberto, que é utilizada para diferentes tipos de projectos de eletrónica. Consiste num microcontrolador e num ambiente de desenvolvimento integrado ou software IDE. A placa Arduino tornou-se bastante popular porque não necessita de uma peça de hardware separada para carregar novos códigos de programação na placa, utilizando um cabo USB. Além disso, o software Arduino IDE utiliza uma versão específica de "C", que é muito fácil de aprender e utilizar. Por fim, o Arduino permite um formulário padrão que divide as funções do microcontrolador em pacotes mais acessíveis. De um modo geral, pode dizer-se que o Arduino funciona como o cérebro por detrás de quase todos os projectos de eletrónica [4].

2.3.1 O que é que está no quadro?

A placa Arduino UNO Rev3 é constituída por várias partes, como a fonte de alimentação, os pinos, etc.

Estas são explicadas a seguir.

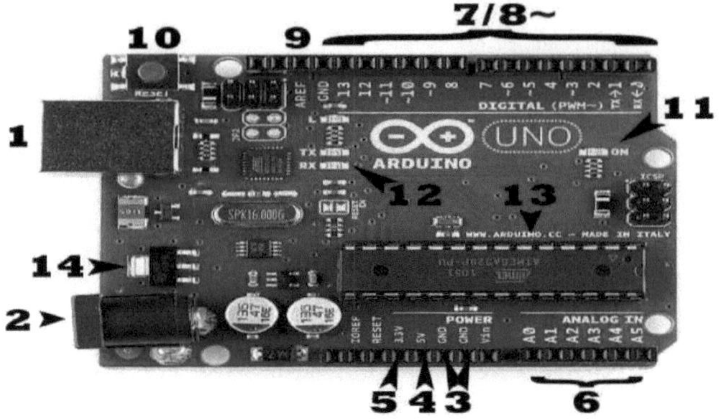

Figura 3.4 Imagem do Arduino Uno Rev3 [4]

Alimentação eléctrica

A placa Arduino Uno Rev3 pode ser alimentada através de um cabo USB ligado a um computador ou a uma fonte de alimentação de parede que se encontra numa tomada. A ligação USB também é utilizada para carregar código na placa Arduino. Além disso, a tensão recomendada para o Arduino UNO Rev3 situa-se entre 6 e 12 Volts e a placa pode ser destruída se utilizar mais de 20 Volts.

Alfinetes

Para construir um circuito, o Arduino UNO Rev3 tem vários tipos de pinos, que estão etiquetados e são utilizados para diferentes funções.

- Existem vários pinos GND (3) ou "Ground" na plataforma.
- Os pinos marcados com 5V (4) e 3,3V (5) são alimentados com 5 volts e 3,3 volts, respetivamente.
- Os pinos 'Analog In' (6) rotulados (AO a A5) podem ler o sinal de um sensor analógico e convertê-lo num valor digital.
- Existem 14 pinos (níveis de pinos 0 a 13) que são utilizados para sinais digitais (7) de entrada e saída.

- Existem vários pinos digitais (3, 5, 6, 9, 10 e 11) que funcionam como pinos digitais normais, mas também podem ser utilizados para algo chamado Modulação por Largura de Impulso (PWM) (8).
- Existe um tipo de pino denominado AREF (9), que significa referência analógica, que é utilizado para definir uma tensão de referência externa (entre 0 e 5 Volts) e que, na maior parte das vezes, não é utilizado.

Volts e a placa pode ser destruída por utilizar mais de 20 Volts.

Outros

Existe um botão "Reset" no Arduino Uno Rev3, que ajuda a reiniciar e a repetir o código carregado. Existe um pequeno LED mesmo ao lado da palavra "ON" (11), que se acende quando o Arduino se liga a uma fonte de alimentação. No Arduino UNO Rev3, existem dois locais onde aparecem TX ou Transmitter (transmissor) e RX ou Receiver (recetor) - um junto aos pinos digitais 0 e 1, e outro junto ao LED indicador (12), que dá informações sobre a receção ou transmissão de dados. O IC ou Circuito Integrado (13) é o cérebro do Arduino UNO Rev3 e geralmente é da linha At-mega de IC's da empresa ATMEL. O regulador de tensão (14) controla a quantidade de tensão transmitida (não superior a 20 volts). As razões para usar o Arduino Uno Rev3 são,

- trata-se de um pequeno hardware com fortes capacidades de trabalho,
- Consome muito pouca energia
- É programável e os códigos são carregados através de um software de programação gratuito
- Possui 14 pinos de entrada/saída digital e 6 pinos de entrada analógica
- Pode ser alimentado por uma fonte de alimentação USB ou normal
- Facilmente, pode funcionar com um relé, que será utilizado para converter a pequena (5V) quantidade de energia em grande (25).

2.3.1.1 Diagrama esquemático do Arduino Uno

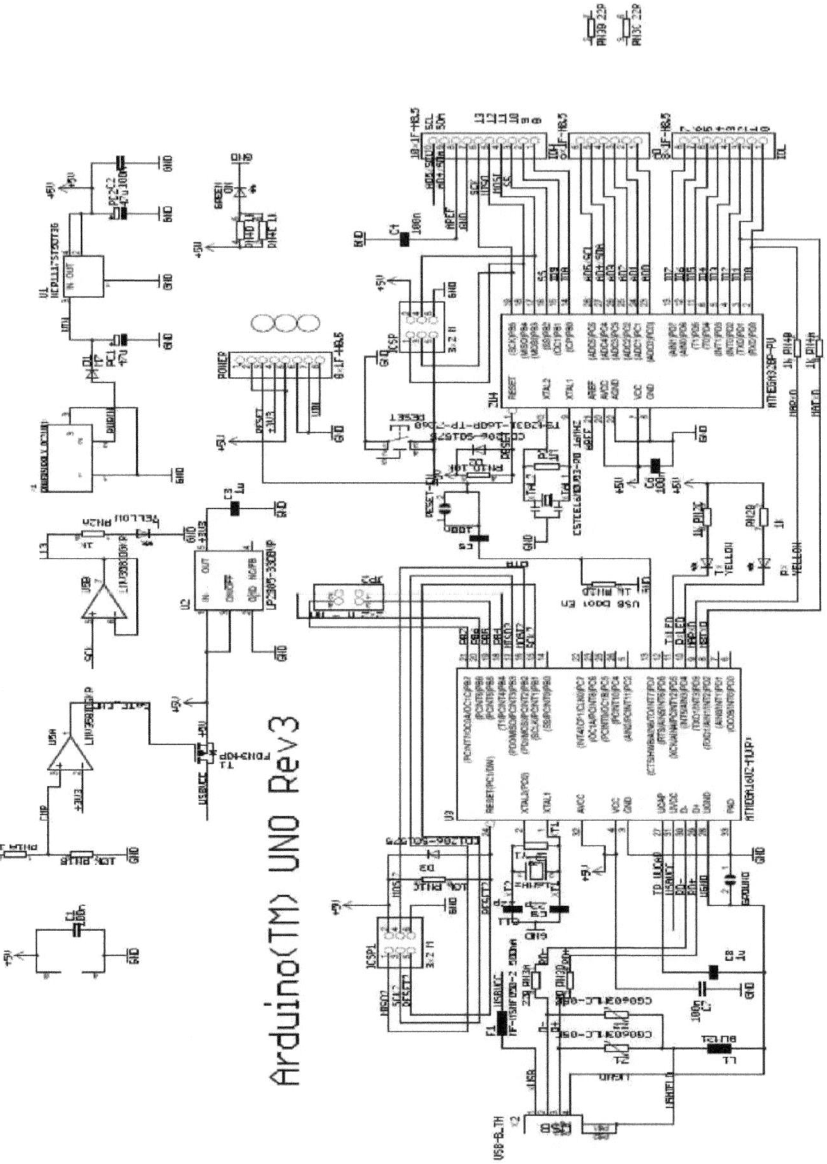

Figura 3.5 Diagrama esquemático do Arduino Uno [5]

2.4 Relé

O relé é um pequeno dispositivo eletrónico que utiliza uma pequena quantidade de energia para controlar uma quantidade de energia muito maior. Basicamente, um relé é um tipo especial de interrutor, que se liga e desliga através de um eletroíman e de um campo eletromagnético que é criado quando a corrente passa através da bobina. Para este projeto, utilizamos um tipo específico de relé, explicado a seguir.

Figura 3.6 Vista em planta do relé de 5V de 8 canais

Especificações do relé:

Tensão de funcionamento: 5V

Canal: 8 canais

Tamanho do item: (13,4 * 5,3 * * 1,7) cm⁄(5,28 * 2,09 * 0,67) polegada

Peso do artigo: 116 g

Caraterísticas do módulo de relé 5V de 8 canais para Arduino:

O módulo de relé é 5V ativo baixo.

Pode ser controlado por uma vasta gama de microcontroladores, incluindo Arduino ou Raspberry Pi.

Capacidade de controlar vários aparelhos e outros equipamentos com grande corrente.

O contacto máximo de saída do relé é AC - 250V, 10 A e DC - 30V 10A.

A interface pode ser ligada diretamente ao microcontrolador.

2.4.1 Diagrama esquemático do relé:

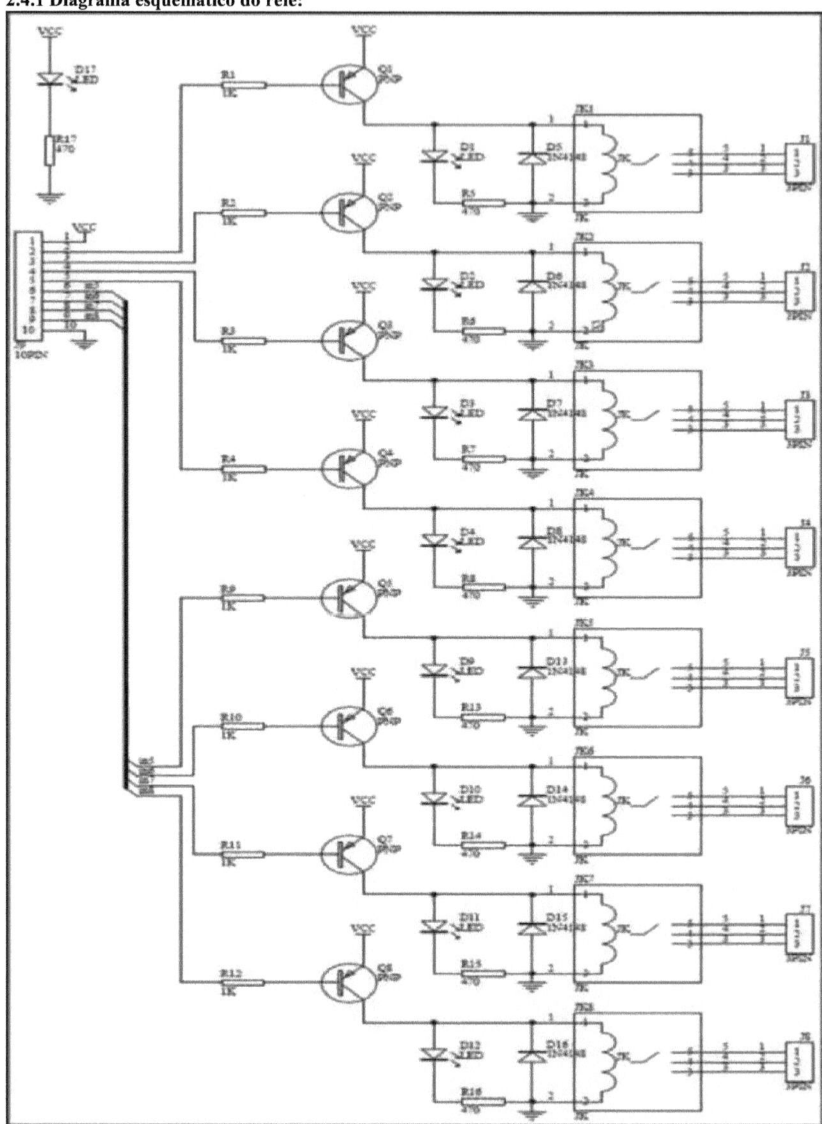

Figura 3.7 Diagrama esquemático do relé de 8 canais [6]

2.5 Experiências anteriores

Algumas experiências de trabalho com o Arduino UNO Rev3 foram adquiridas durante a minha licenciatura. Foi realizado um projeto sobre um sistema de domótica com um Arduino UNO

Rev3, em que o sinal foi transferido através de um sistema RF.

Recentemente, as casas estão a mudar de interruptores normais para um sistema de controlo centralizado, envolvendo um transmissor de controlo remoto. Esta tecnologia não só é fácil de utilizar, como também ajuda a evitar perdas de energia. O transmissor de controlo remoto (chaveiro) é pequeno e muito leve, funcionando a uma distância razoável. Pode controlar os interruptores a partir de qualquer lugar até 75 pés. Este transmissor de quatro botões é também muito produtivo para utilizações comerciais em sistemas industriais e médicos.

Para atingir esse objetivo, o projeto foi concebido em duas partes. Ambas as partes tinham receptores individuais do tipo comutador, mas funcionavam na mesma frequência. Um destes receptores de comutação funcionava individualmente com alguns dos aparelhos domésticos, mas o outro fazia interface com um microcontrolador Arduino Uno Rev3 para converter os sinais do formato de comutação para o formato de bloqueio. O software Arduino IDE foi utilizado para compilar alguns programas relacionados com o microcontrolador ATmega328.

Figura 3.8 Exemplo de um sistema de domótica controlado por Arduino [7]

Capítulo 3
Conceção e Simulação

O objetivo do projeto é conceber, simular e testar um sistema avançado para controlar o simulador de próteses de dedos. O trabalho global do projeto foi estruturado nas secções seguintes para atingir os objectivos:

Conceção da placa de circuitos

Escrever um código de programação adequado

Ligação e teste

No presente capítulo, estas secções serão descritas em sequência.

3.1. Conceção e descrição

Para projetar o sistema de controlo do simulador usando o Arduino Uno Rev3, em primeiro lugar, fizemos um fluxograma lógico para construir o circuito e projetar\escrever os códigos de programação (Figura 11). Depois disso, desenhamos e construímos o circuito de acordo com o fluxograma e um código de programação adequado para o software IDE é escrito, que executa o Arduino Uno Rev3 de acordo com os objetivos do projeto.

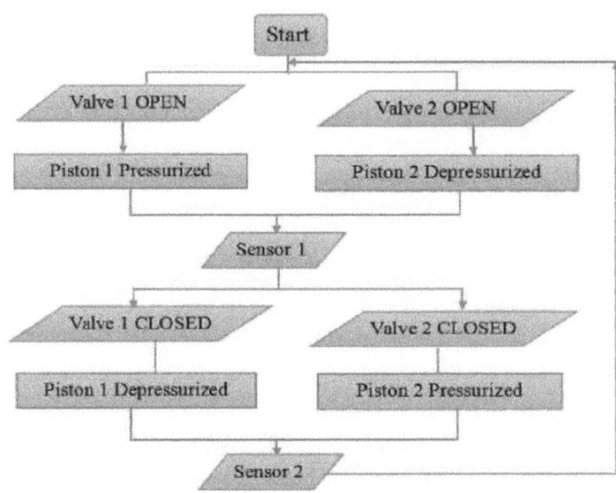

Figura 4.1 Fluxograma do procedimento de funcionamento do Simulador de Dedos

De seguida, tentamos verificar a tensão de entrada e saída dos sensores, o que nos fornece informações sobre a utilização do Arduino Uno Rev3.

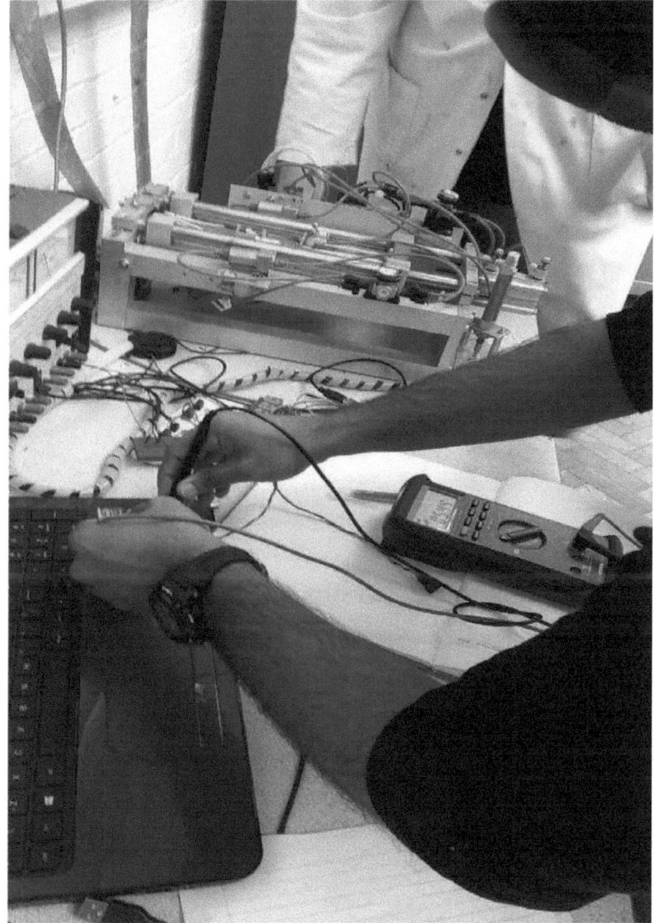

Figura 4.2 Tensões de ensaio dos sensores

Antes de trabalhar praticamente com o Arduino Uno Rev3, o relé e o simulador, tentamos desenhar o diagrama básico do circuito, onde todos os sectores foram mencionados ao longo do Arduino Uno Rev3, do relé e do simulador. No entanto, não explica corretamente as ligações dos fios.

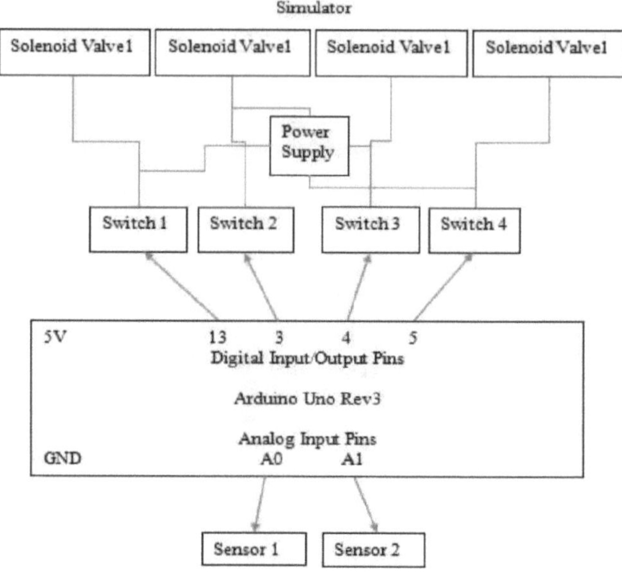

Figura 4.3 Desenho básico do circuito

De seguida, construímos o desenho preliminar do circuito, que consiste nos sensores, no interrutor de relé de 8 canais e no Arduino Uno Rev3. A figura seguinte (12) mostra a placa de circuito ligada (com fios). Aqui, adicionamos também uma fonte de alimentação de 24V, que ajuda a fazer funcionar o simulador e, através do relé de 8 canais, tentamos controlar o simulador com o Arduino Uno rev3 de 5V.

Figura 4.4 Circuito com fios, incluindo o Arduino e o relé

Depois disso, tentamos construir o circuito final utilizando o simulador e uma fonte de alimentação de 24 V, juntamente com o relé e o Arduino Uno Rev3. Neste processo, deparamo-nos com muitos erros e resolvemo-los e voltamos a verificar várias vezes, antes de obtermos o circuito final e correto.

3.2 Simulação e teste

O procedimento de simulação será explicado em várias partes. No início desta secção, foi desenhado um fluxograma lógico (programável) para escrever os códigos de programação para atingir os objectivos. De seguida, será ilustrada uma descrição do software. No final, será efectuado um teste adequado, incluindo o desenho e o simulador de dedos.

De acordo com a discussão anterior, no início do processo de simulação, foi elaborado um fluxograma para compreender a simulação global e o procedimento de funcionamento do simulador. Utilizando o seguinte fluxograma, tentamos dividir todo o procedimento em dez fases diferentes.

- O procedimento geral começa com o sinal do sensor magnético 1, que liga a electroválvula 1 e permanece ligado até à fase seguinte.

- As fases dois e três são semelhantes às duas fases anteriores, a única diferença é que quando o sensor magnético 2 dá o sinal, a válvula solenoide 1 desliga-se e permanece desligada até às fases seguintes. Este procedimento continua durante 3000 vezes, o que faz com que a válvula solenoide 1 se ligue e desligue 1500 vezes.

- 5 segundos depois de completar o ciclo, a electroválvula 2 liga-se e permanece ligada até à última fase. Depois, de cinco em cinco segundos, as electroválvulas 3 e 4 ligam-se respetivamente.

- A sétima fase inicia-se após 45 segundos e, nessa fase, a válvula solenoide 4 desliga-se, seguindo-se o desligamento das válvulas solenóides 3 e 2, após 5 segundos de pausa, respetivamente.

- Após a realização de todos estes passos, o processo de simulação recomeça desde o início e o procedimento geral continua até o pararmos manualmente.

Em suma, pode ver-se que o fluxograma explica como as válvulas solenóides reagem aos sinais dos sensores magnéticos e como respondem ao temporizador. Para além disso, é necessário compreender corretamente um processo de ciclo.

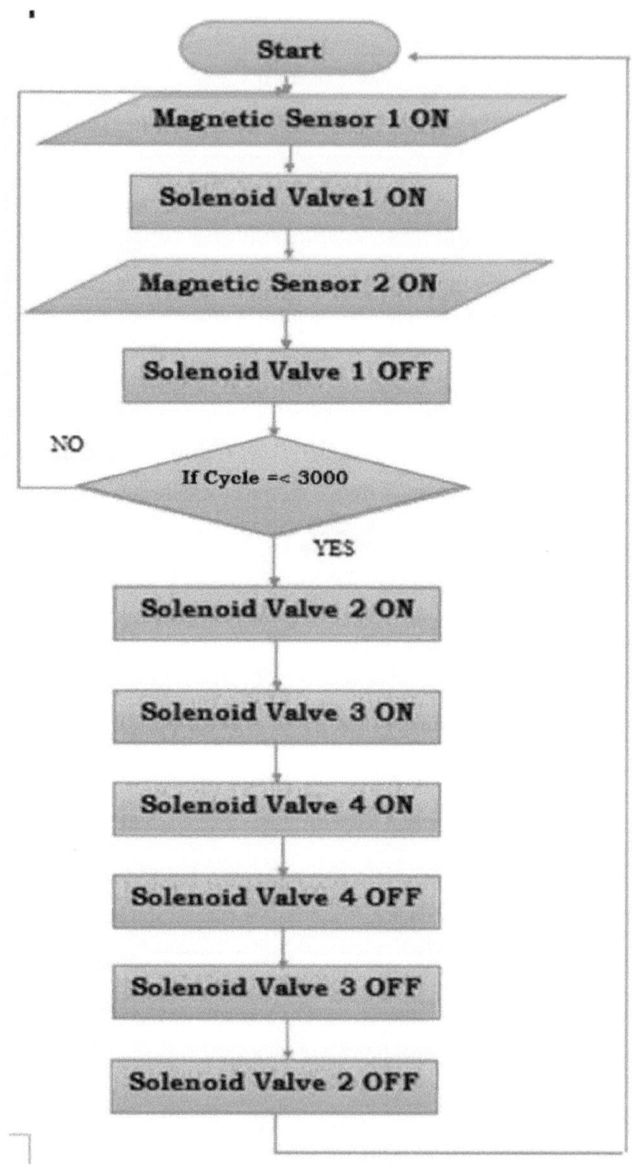

Figura 4.5 Fluxograma completo para executar o simulador

3.2.1 Programar uma placa Arduino

De acordo com a discussão dos capítulos anteriores, foi utilizada uma placa Arduino Uno Rev3 para controlar o sistema do simulador de dedos. Para simular o dispositivo de acordo com o fluxograma ilustrado na página 17 (figura (14)), tentou-se seguir alguns exemplos anteriores dados no próprio software.

A entrada de sinal analógico é uma das partes importantes da secção de codificação, onde os sinais serão recebidos dos sensores magnéticos.

Em seguida, o foco será deslocado para a parte de codificação das saídas digitais para executar o processo de simulação.

De seguida, vamos trabalhar em loops, como o for loop e o if-else loo, para continuar o processo de simulação durante 3000 vezes.

O processo será concluído trabalhando em expressões booleanas para controlar as válvulas.

Para o projeto, foi necessário alterar uma parte dos exemplos dados. Nessa parte, alguns pinos foram declarados como,

```
int selunoidValve1 = 13;   //Declaring valve 1

int selunoidValve2 = 3;    //Declaring valve 2

int selunoidValve3 = 4;    //Declaring valve 3

int selunoidValve4 = 5;    //Declaring valve 4


int Magnetic_Sensor1 = 12;  //Declaring Magnetic Sensor1

int Magnetic_Sensor2 = 11;  //Declaring Magnetic Sensor2


int sensor1Value = analogRead(A0);

int sensor2Value = analogRead(A1);
```

Todo o procedimento através do software, tentando explicar em alguns passos,

- Em primeiro lugar, é necessário descarregar o software, Arduino IDE 1.5.6-r3 e abri-lo

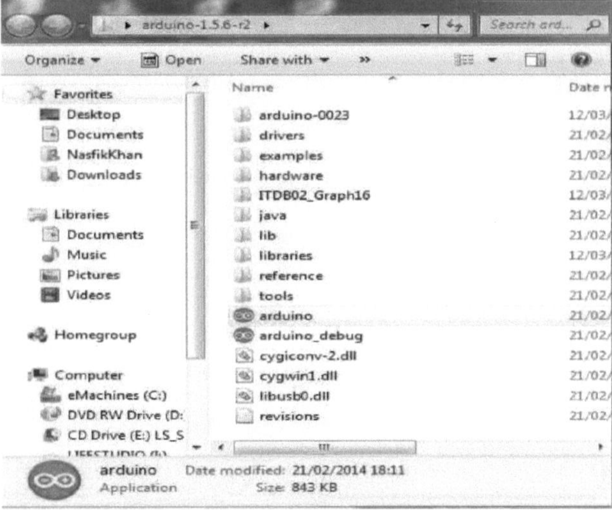

Figura 4.6 Ficheiro do Arduino - 1.5.6-r2

- Depois, o software precisa de ser executado.

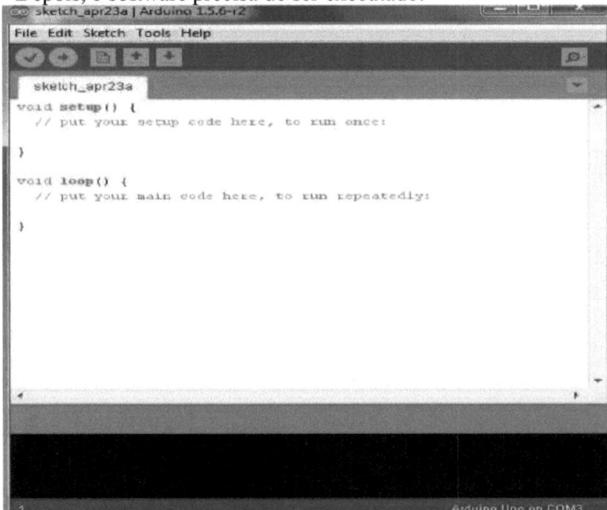

Figura 4.7 Estado inicial do software

- Em seguida, descubra o ficheiro 'AnalogReadSerial' dos exemplos e tente alterar algumas partes dos códigos dados em de acordo com a discussão anterior na página 24.

```
AnalogReadSerial §
/*
  AnalogReadSerial
  Reads an analog input on pin 0, prints the result to the serial
  Attach the center pin of a potentiometer to pin A0, and the outs

 This example code is in the public domain.
 */

// the setup routine runs once when you press reset:
int cycle = 10;
//Declaring valve1
int selunoidValve1 = 13;      //Declaring valve 1
int selunoidValve2 = 3;       //Declaring valve 2
int selunoidValve3 = 4;       //Declaring valve 3
int selunoidValve4 = 5;       //Declaring valve 4
int hePin1 = 12;
int hePin2 = 11;

  int sensor1Value = analogRead(A0);

  //read the input on analog pin 1:
  int sensor2Value = analogRead(A1);
```

Figura 4.8 'AnalogReadSerial' com variáveis globais

Além disso, declaramos alguns valores flutuantes (voltagel e voltagem2) para obter os valores analógicos calculados através do software e tentar obter os valores exactos do sensor em voltagem. Todas estas declarações são conhecidas como desaceleração global, que se manterá durante todo o processo.

```
//convert the analog reading in to digital reading:
float voltage1 = sensor1Value*(5.0/1023.0);
float voltage2 = sensor2Value*(5.0/1023.0);
```

- A configuração do vazio foi declarada, inicializando a comunicação em série a 9600 bits por segundo.

```
void setup()
{
  // initialize serial communication at 9600 bits per second:
  Serial.begin(9600);
}
```

- Depois disso, declaramos o modo do pino na secção do ciclo vazio, para compreender as respostas do sinal (entrada ou saída) através do pino.

```
  void loop ()
{
  pinMode (sensor1Value, INPUT);              //Pin Mode declared
  pinMode (sensor2Value, INPUT);              //Pin Mode declared
  pinMode (selunoidValve1, OUTPUT);           //Pin Mode Declared
  pinMode (selunoidValve2, OUTPUT);           //Pin Mode Declared
  pinMode (selunoidValve3, OUTPUT);           //Pin Mode Declared
  pinMode (selunoidValve4, OUTPUT);           //Pin Mode Declared
```

- De seguida, tentaremos trabalhar com o ciclo "for, if-else" e expressões booleanas. Estas ajudarão a atingir o objetivo final da codificação para cumprir os requisitos do fluxograma.

```
int j = 0;
for (int j = 0;j<cycle; j++)
{
  if ((selunoidValve1, HIGH) && (selunoidValve1, LOW))
  {
    if (voltage1>2)//if-if else-else function
    {
      // print out the value you read:
      digitalWrite (selunoidValve1, HIGH);
      Serial.println ("Sensor 1 is working"); //sensor 1 will show value
      Serial.println(voltage1);
    }
    else if (voltage2>2)
    {
      // print out the value you read:
      digitalWrite (selunoidValve1, LOW);
      Serial.println ("Sensor 2 is working"); //sensor 2 will show value
      Serial.println(voltage2);
    }
    continue;
  }
}
```

- Em seguida, é necessário executar outro código de programação do exemplo denominado "StateChangeDetection" e efetuar algumas alterações aos códigos.

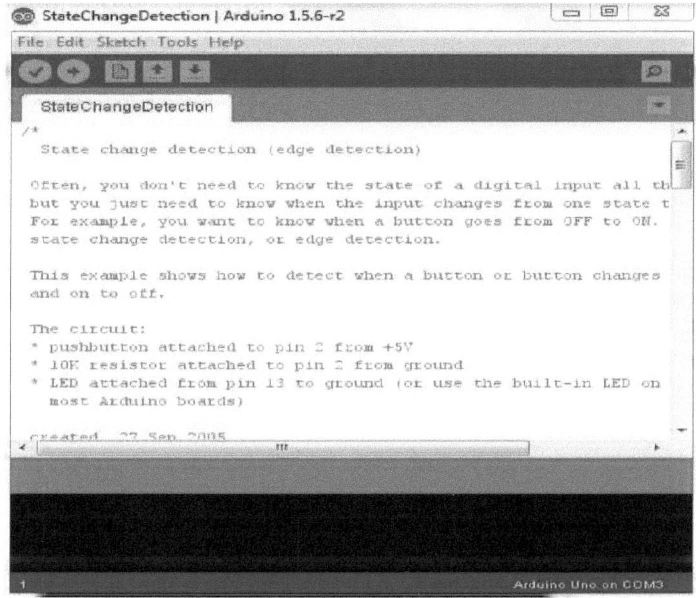

Figura 4.9 Ficheiro de deteção de alterações de estado

Depois de cumpridos os objectivos de programação, tentar-se-á cumprir os objectivos de conceção e simulação. Para o efeito, tentaremos ligar a placa de circuito desenhada ao simulador e tentaremos utilizar um computador para transferir esses códigos para o Arduino Uno Rev3 com fios.

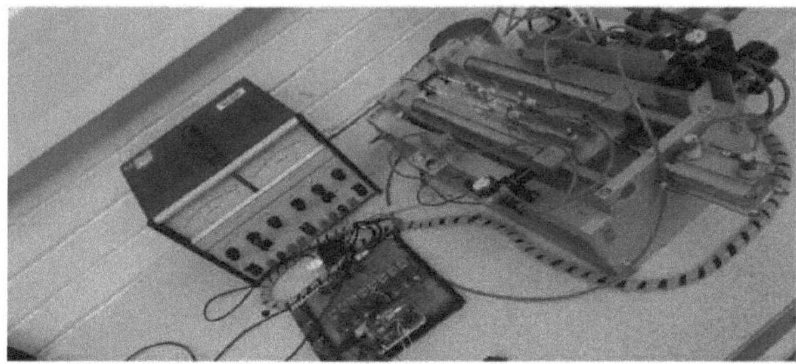

Figura 4.10 Circuito completamente ligado com o Simulador

Aqui, a figura (20) mostra o circuito, que está corretamente ligado a todo o hardware incluindo o relé, o Arduino, uma fonte de alimentação de 24V e o simulador e o sistema funciona corretamente com todas as válvulas sem qualquer erro específico.

3.3 Resumo

O principal método utilizado neste sistema de simulação é a utilização de um sistema de automação para controlar e desenvolver um design adequado para o sistema, de modo a atingir o objetivo de construir um simulador de dedos avançado. Tentámos atingir os objectivos de conceção em três etapas diferentes, uma vez que a fonte de alimentação fornece a energia, o Arduino Uno Rev3 controla o sistema e o relé funciona como um conversor para atingir os resultados previsíveis e corretos.

No final, os requisitos de programação foram cumpridos e todas as secções foram ligadas entre si ao longo do simulador para realizar os testes, com resultados previsíveis e bem sucedidos.

Capítulo 4

Testes e resultados

Tendo um sistema de automação concebido, programado, ligado e todas as partes do sistema montadas, testámos primeiro a versão sem o compressor, razão pela qual o resultado real não foi alcançado. Após a realização bem sucedida da secção de testes, ligámos o simulador ao compressor para obter a pressão adequada para o funcionamento do simulador e obter o resultado final.

4.1 Ensaios

Para testar o sistema global, inicialmente, é necessário carregar os códigos compilados no Arduino Uno Rev3 através de um computador. Depois de carregar os códigos compilados, verificámos a ligação do sistema global ao simulador. Agora, como sabemos que existem quatro válvulas no simulador para dar feedback, tentámos utilizar essas válvulas para obter um feedback correto, com base nos sensores magnéticos.

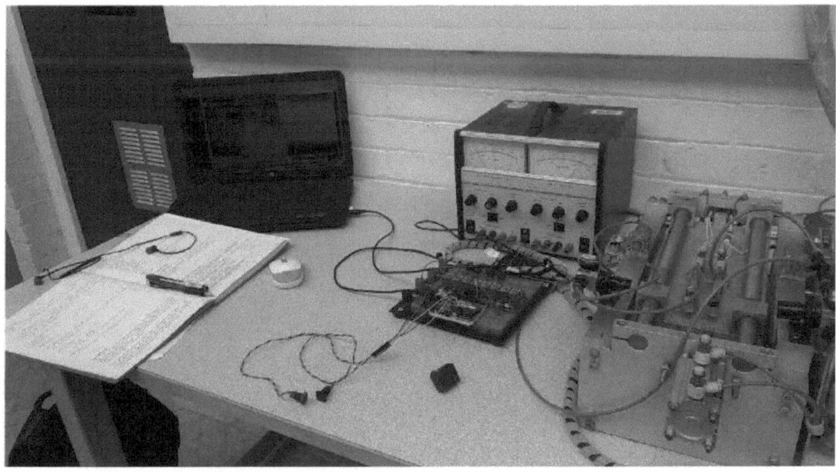

Figura 5.1 A imagem foi tirada antes de os sensores serem colocados no Simulador, e este está ligado ao computador para carregar os códigos de programação

De seguida, tentaremos executar o simulador com a fonte de alimentação adequada e outro hardware, incluindo a codificação. Para verificar o resultado do teste, tentamos seguir o resultado no ecrã do computador através da secção de software denominada "Screen Monitor". Aqui, podemos ver todos os resultados das respostas dos sensores. Estes procedimentos serão descritos em duas secções.

Em primeiro lugar, quando o simulador funciona com o Arduino, e o sensor se aproxima do íman um a um, podemos ver o feedback no "Monitor de ecrã", como na figura seguinte.

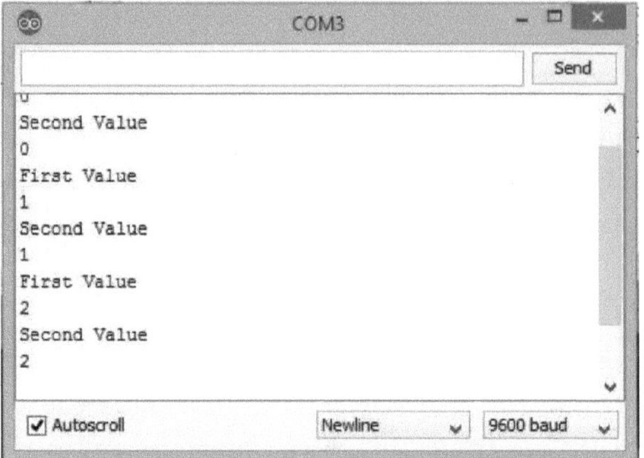

Figura 5.2 Resultado do monitor de série da primeira fase

A fase seguinte começa após a realização do ciclo necessário (aqui utilizamos 10 ciclos (de 0 a 9) para o período de teste), e podemos ver que todas as outras válvulas estão a responder ao longo do temporizador sem quaisquer erros. Este procedimento repete-se até se desligar a fonte de alimentação do sistema.

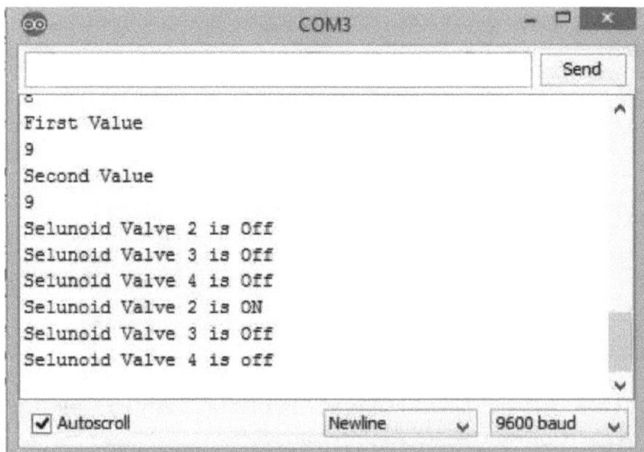

Figura 5.3 Resultado do monitor série da segunda fase

4.2 Resultados

Após um procedimento de teste bem sucedido, tentaremos concentrar-nos num resultado adequado com um simulador montado, onde os sensores magnéticos e o compressor estarão no sítio certo. Antes de mais, as válvulas reagem de acordo com o sensor. Aqui explicámos um pouco.

Em primeiro lugar, quando o sensor 1 se aproxima do íman, a válvula solenoide 1 liga-se.

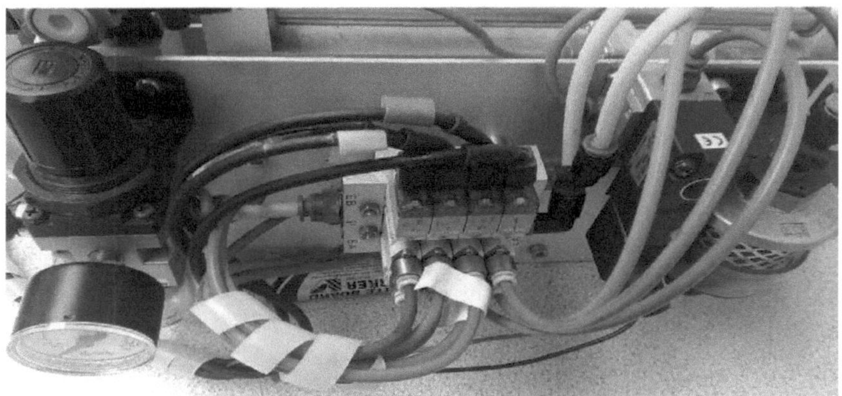

Figura 5.4 Reação da válvula solenoide 1 com base nos sensores

Em seguida, quando o íman se aproxima do sensor 2, a válvula solenoide 1 desliga-se e permanece desligada até o sensor 1 a ligar novamente. E este procedimento continua durante 1500 vezes.

Após a conclusão de 300 ciclos, pode ser ilustrado que todas as válvulas permanecem OFF durante

5 segundos e, em seguida, a válvula solenoide 2 liga-se.

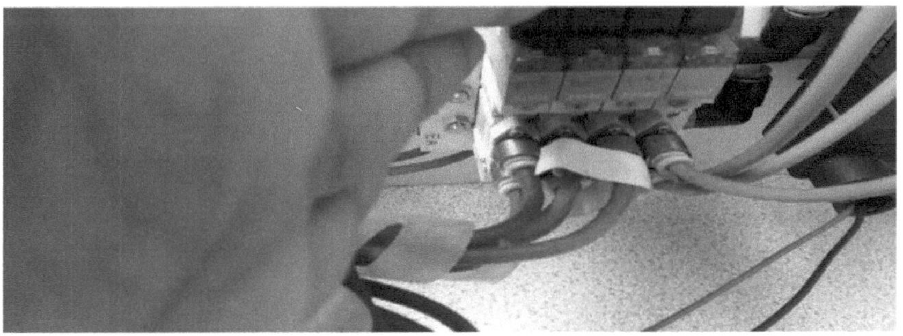

Figura 5.5 Válvula solenoide 2 ON

Do mesmo modo, após cada 5 segundos, a electroválvula 3 e a electroválvula 4 ligam-se de 5 em 5 segundos.

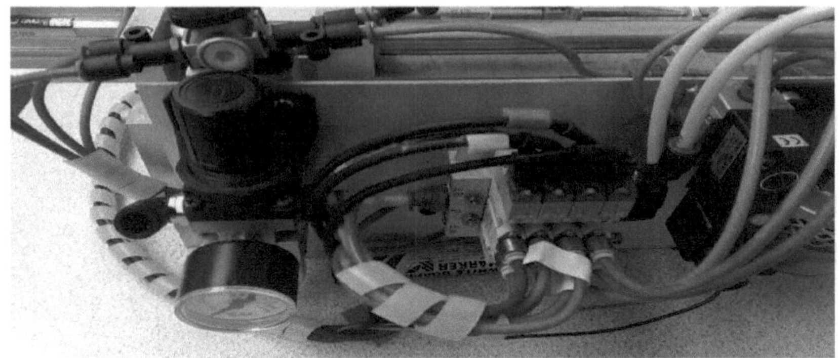

Figura 5.6 Válvula solenoide 2, 3 e 4 LIGADA após a primeira metade do ciclo

Nesse período específico, em vez da electroválvula 1, todas as outras electroválvulas permanecem ligadas durante 45 segundos e, após 45 segundos, a primeira electroválvula 4 desliga-se. A seguir, as electroválvulas 3 e 4 desligam-se de 5 em 5 segundos e, cumprida esta parte, tudo começa desde o início.

Agora, vamos tentar ilustrar os resultados mecânicos do simulador de dedos através do gráfico de fluxo. De acordo com a figura (27), em primeiro lugar, o simulador executa o movimento de flexão-extensão durante 3000 vezes e, em seguida, continua a testar o movimento de pinça.

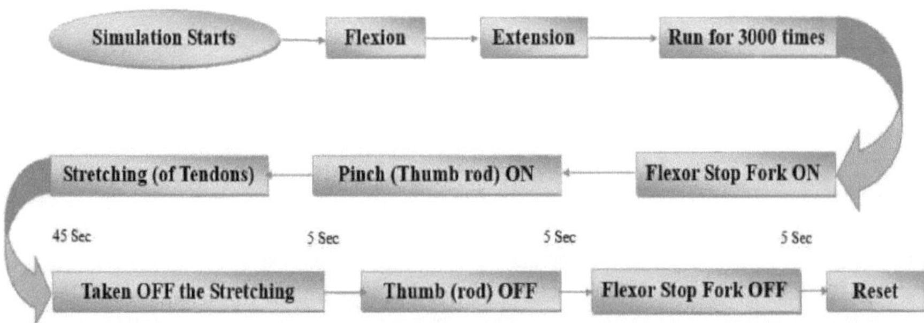

Figura 5.7 Procedimento de simulação após a instalação da conceção melhorada

Capítulo 5
Crítica

Durante todo o projeto, alcançámos muitos obstáculos. No entanto, se compararmos com a nossa especificação original, encontraremos algumas áreas em que lutámos muito para alcançar, algumas áreas em que não conseguimos obter sucesso e algumas áreas que precisamos de melhorar.

5.1 Melhorias necessárias

- Fonte de alimentação única para o simulador e o Arduino Uno Rev3: Para o projeto, foram utilizadas duas fontes de alimentação separadas, o que pode ser melhorado utilizando uma única fonte de alimentação, que consumirá menos energia.

- Controlo da temperatura da prótese durante a simulação: A temperatura da prótese pode ser controlada através de sensores térmicos.

- Controlar o arranque e o fecho do simulador: O objetivo do projeto é controlar o procedimento de simulação do simulador de prótese de dedo de estação única. No entanto, o processo de arranque e fecho é manual. Para melhorar o atual procedimento de ligar e desligar, podemos facilmente utilizar alguns códigos de programação, que ajudam a iniciar e a fechar o sistema utilizando outro interrutor de relé, através do Arduino Uno Rev3.

5.2 Pontos problemáticos

> Circuito de ensaio: Tivemos um pouco de dificuldade durante o teste dos circuitos. Utilizar o Arduino Uno Rev3 e o software Arduino IDE foi um pouco difícil de realizar.

> Aprender a codificar para o IDE: o ft demorou algum tempo a compreender o procedimento de funcionamento do IDE

> Ligação correta dos fios: A ligação dos fios foi sempre um pouco complicada no início, embora todos estes problemas tenham sido resolvidos.

5.3 Métodos de melhoria

- Uma única fonte de alimentação poderia ser possível, se conseguirmos gerir um recetor diferente que proporcione mais resultados.
- Para controlar a temperatura ambiente, precisamos de utilizar um regulador e um circuito que funcione para controlar a temperatura.

- Para obter mais resultados, só precisamos de arranjar mais alguns pinos de saída para os receptores. Para isso, podemos construir esses receptores dessa forma ou podemos mudar totalmente os receptores. O mesmo se aplica ao controlo de ambos os circuitos separadamente.

- Para reduzir a energia, o sistema PCB pode ser substituído por um sistema PLC. Desta forma, a energia poderia ser poupada numa margem enorme, mas o custo do projeto e a utilização prática seriam mais difíceis.

No final, pode dizer-se que o projeto foi realizado com grande sucesso, embora existam alguns problemas e ainda bastantes possibilidades de melhorias. Mas, no geral, está praticamente provado e quase lá, onde se supõe que esteja, de acordo com o plano inicial.

Capítulo 6
Cálculo de custos

O projeto foi concebido com base numa placa Arduino Uno R3, uma placa de relés de 8 canais e uma fonte de alimentação de 24V. O Arduino Uno Rev3 e a placa de relé de 8 canais foram comprados no site de compras online, Amazon.co.uk. Os outros materiais foram comprados na loja local, Maplin - Electronics Specialist.

- O Arduino Uno Rev3 foi comprado no site de compras online, Amazon.co.uk.
- O suporte da bateria da fonte de alimentação de 12 volts⁄100mA foi adquirido na Maplin, Sheffield.
- As pilhas de 1,5 V 8 AA foram adquiridas na Maplin, Sheffield.
- A placa de pão sem solda foi emprestada do laboratório de Robótica (edifício Stephenson), Universidade de Newcastle.
- Os fios, cabos e outras ferramentas utilizadas no projeto foram recolhidos no laboratório de Robótica (edifício Stephenson) da Universidade de Newcastle.

Quadro 1 Cálculo do custo dos dispositivos

Electronic equipment	Per cost	Units	Total cost
Arduino Uno- R3 with starter kits	£55.50	1	£55.50
Battery Holder	£7.50	1	£7.50
8 AA batteries pack	£8	2	£16
Solder less breadboard	-	-	-
Extra equipment	£14	-	£14
Integrated Development Environment (IDE) Software	Free	-	-
		Total cost =	£93 Inc. VAT

O custo total do projeto é de cerca de £93, incluindo IVA. IVA

Capítulo 7
Resumo e trabalhos futuros

O projeto concebeu, construiu e testou o sistema de controlo do simulador de dedos em várias partes.

> Conhecer o simulador, o hardware e o software

> Conceber um diagrama de circuito com uma placa Arduino e um interrutor de relé de 8 canais

> Códigos de programação para Arduino

> Montagem e verificação dos resultados

Este projeto pode ser concebido utilizando o Arduino Uno rev3 ou tipos semelhantes de placas de circuito programáveis. O custo do projeto também não é assim tão elevado e também demora menos tempo a consumir. Este projeto pode ser útil para os fabricantes de diferentes tipos de simuladores ou de equipamentos de teste semelhantes, e também pode ser útil para controlar quaisquer sistemas com o mínimo de espaço e que também pode ajudar a reduzir o uso excessivo de energia e potência, como a eletricidade.

Assim, em termos gerais, poderá ser um projeto benéfico para laboratórios, hospitais e indústrias transformadoras.

No entanto, este projeto pode ser melhorado através da utilização de uma placa de circuito soldada, que pode ficar ajustada ao simulador. A vantagem de utilizar esta tecnologia é que poupará mais espaço e não se desligará tão facilmente como agora.

Referências

1. Orthopod, (julho, 2014). Cirurgia de fusão dos dedos (Guia do paciente para a cirurgia dos dedos) [Online]. Disponível: http://http://www.eorthopod.com/fmger-fusion-surgery/topic/118.

2. Dr. A. Naylor, S. C. Talwalkar, I. A. Trail e Prof. T. J. Joyce, "In Vitro Wear Testing of a CoCr-UHMWPE Finger Prosthesis with Hydroxyapatite CoCr Coated Stems", Meeh. Sys. Eng., Newcastle Univ., UK, ISSN 2075-4442, Apr. 13. 2015.

3. Joyce, T. J., e A. Unsworth. "A conceção de um simulador de desgaste dos dedos e resultados preliminares". Actas da Instituição de Engenheiros Mecânicos, Parte H: Jornal de Engenharia em Medicina 214.5 (2000): 519-526.

4. Arduino (copyright 2014), SparkFun Electronics, Última visualização: 14th July, 2015, [Online]. Disponível: https://leam.sparkfun.com/tutorials/what-is-an-arduino.

5. Arduino [copyright 2015]. Arduino Uno Rev3. Last viewed: 10th January, 2015, Disponível: http ://arduino .cc/ pt/Main/ArduinoBoardUno.

6. Fórum Arduino [2012]. 5V Relay Board 8 Channel Connections, Última visualização 15th agosto, 2015 [Online]. Disponível: http://forum.arduino.cc/index.php?topic=121558.0.

7. Arduino IDE, Arduino 1.0.6, Arduino, copyright 2015, Última visualização: 10th January, 2015,v URL: http ://arduino .cc/en/main/software.

8. Tamai, K., Ryu, J., An, K. N., Linscheid, R. L., Cooney,W. P. e Chao, Y. S. Análise geométrica tridimensional da articulação MCP. *J. Hand Surg.,* 1988, 13A, 521-531.

9. Weightman, B. e Amis, A. A. Finger joint force predictions related to design of joint replacements. J. Biomed. Engng, 1982, 4, 197-210.

10. Joyce, T. J. e Unsworth, A. Wear of cross-linked polyethylene against itself. Proc. Instn Meeh. Engrs, Part H, Journal of Engineering in Medicine, 1996, 21O(H1), 11-15.

11. [l]Md. Nasfikur R. Khan, Sarmila Yesmin, "Melhorando o sistema de controle de um simulador de dedo", Asian Journal of Engineering and Technology, Vol 5 (4), agosto de 2017. pp. ИЗ- 118.

12. Md. Rakib Hasan, Md. Nasfikur R. Khan, "Projetando um sistema de automação residencial usando o recetor de RF", Revista Internacional de Pesquisa Avançada e Idéias Inovadoras em Educação, Vol 3 (4), junho de 2017. pp. 2318 - 2322.

13. Md. Faijul Haque, Sabrina Hossain, Ayesha Siddika e Md. Nasfikur R. Khan, "Sistema de automatização doméstica inteligente baseado num sistema de monitorização ambiental", Conferência Nacional sobre Eletrónica e TIC, Daca, 2017, pp. 1-4

14. All about Circuits (2003 2012: N.G.) [Online] http://www.allaboutcircuits.com [23/01/14]

15. J.S.Chitode (2009). Eletrónica de potência (4.ª edição), pp. (40-41)

16. A.P. Godse, A.O.mulani (2009). Embedded Systems (First Edition), pp. (1-5).

17. Arduino (2014), [Online]. Último acesso em 23, 2014. http://arduino.cc/en/uploads/Main.

18. Somanthan Nair (2006). Electronic Devices and Applications (3ª Impressão), pp. (343).

19. Cblambert (13 março, 2013). Transformador ideal (trabalho próprio).

20. D. M. Calcutt, Frederick J. Cowan, G. Hasan Parchizadeh. Microcontroladores 8051: hardware, software e aplicações, pp. (2-4).

21.EEWeb, Comunidade de Engenharia Eléctrica, http://www.eeweb.com/extreme_circuits [07/11/13]

22. Engineers Garage (2012) [Em linha] http://www.engineersgarage.com/articles[09/01/14]

23. Gregor Kleine(N.G.) Eletrónica Eletrónica [Em linha]. http://www.leamingelectronics.net/circuits/33-v-or-5-vdirect-from-mains_ 19.html [14/12/13]]

24. Hui Pan (dezembro de 2009). Boletim informativo mensal da Home Networks, pp. (12-13).

25. SO/IEC (2006), Gabinete de Direitos de Autor da ISO, http://www.openstd.org/jtcl/sc22/wg 14[25/12/13]

26. Stephen Lindsay (2013). Automação doméstica inteligente com Linux e Raspberry Pi. pp. (156-160).

27. Tooraj jamasb, William J. Nuttall, Michael G. pllott (2006). Future Electricity Technologies and Systems, pp. (333-334).

28. Comparação de tecnologias e padrões de redes sem fio[Online] (http://www.edom.com.tw/en) [12/05/17] 29. Casa inteligente [Em linha](http://www.solaris.co.th/en/renewable-energy/solar-energy-on-grid- plus/sma-smart-house) [07/03/2016]

30. Solaredge, o novo kit do quarteirão [Online] (https://blog.wholesalesolar.com/solaredge- kit-

block/) [03/03/2017]

31. M. N. R. Khan, M. N. H. Pias, K. Habib, M. Hossain, F. Sarker e K. A. Mamun, "Bolte Chai: An augmentative and alternative communication device for enhancing communication for nonverbal children," 2016 International Conference on Medical Engineering, Health Informatics and Technology (MediTec), Dhaka, 2016, pp. 1-4.

32. Faisal Bin Shaheen, Pranti Tawheed, Md. Nasfikur R. Khan, "A Self-Controllable Smart Home", (Aceite), 3.ª Conferência Internacional sobre Engenharia Mecânica, Industrial e de Materiais (ICMIME2017), 28-30 de dezembro de 2017.

33. Faisal Bin Shaheen, Pranti Tawheed, Md. Faijul Haque, Md. Rakib Hasan, Md. Nasfikur R. Khan, "Smart Home Solutions by Using Sun Tracking Solar Panel", 4.ª Conferência Internacional sobre Avanços em Engenharia Eléctrica (ICAEE), 28-30 de setembro de 2017, Daca, Bangladesh.

Apêndices

Versão completa final:

```
/*
* Project: Improving the design and operation of a finger simulator (design, make, test)
* Author: Mohammad Nasfikur. R. Khan
* Course: M.Sc. in Biomedical Engineering
* Date: 19th July, 2015
* Supervisor: Dr. Andrew Naylor
* Advised by: Paul Watson
* Newcastle University
*/

//Global Variables

int counter_cycle = 0;      //Declaring Counter values
int cycle_to_count = 25;    //Declaring Desired Cycles to count

int selunoidValve1 = 13;    //Declaring valve 1
int selunoidValve2 = 3;     //Declaring valve 2
int selunoidValve3 = 4;     //Declaring valve 3
int selunoidValve4 = 5;     //Declaring valve 4


boolean voltage1ONS = true;
boolean voltage2ONS = false;

// the setup routine runs once when you press reset:

void setup ()
{
    //initialize serial communication at 9600 bits per second
```

```
        Serial.begin (9600);

      //Pin Mode declared
    pinMode (selunoidValve1, OUTPUT);
    pinMode (selunoidValve2, OUTPUT);
    pinMode (selunoidValve3, OUTPUT);
    pinMode (selunoidValve4, OUTPUT);
}

// the loop routine runs over and over again forever:

void loop()

{
   //Read the input on an analog pin 0:
   int sensor1Value = analogRead (A0);
   int sensor2Value = analogRead (A1);

   //converting the analog reading (which goes from (0-1023) volts to (0-5) Volts:
      float voltage1 = sensor1Value * (5.0/1023.0);
      float voltage2 = sensor2Value * (5.0/1023.0);

        //Stage 1: Flexion & Extension
   //if the counter cycle value is low enough than cycles to count:
   if (counter_cycle < cycle_to_count)
    {
    //if the sensor 1 voltage is lower than 2V and the pin state of voltage 1 is ON/true
     if ((voltage1 <=2.0)&&(voltage1ONS == true))

         {
        //convert the analog reading (which goes from (0-1023) volts to (0-5)Volts:
        voltage1ONS = false; // voltage 1 pin state change (OFF/false)
        voltage2ONS = true; // voltage 2 pin state changes (ON/true)
```

```
digitalWrite (selunoidValve1, HIGH);

        //print out the value we read:
Serial.println ("First Value");
Serial.println (voltage1);
Serial.println(counter_cycle);
}

//if the sensor 1 voltage is lower than 2V and the voltage 2 pin state is ON/true
else if ((voltage2 <=2.0)&&(voltage2ONS == true))
    {
        //Change the states of the pins
    voltage1ONS = true;
        voltage2ONS = false;

        //digital output
    digitalWrite (selunoidValve1, LOW);

        //print out the value we read:
        Serial.println ("Second Value ");
    Serial.println(counter_cycle);
    Serial.println (voltage2);
    counter_cycle++; // counter cycle + 1
    }
}

//If the counter cycle is same as cycles to count
else if (counter_cycle==cycle_to_count)
{
   //Stage 2: all the valves are off
  digitalWrite (selunoidValve2, LOW);
  Serial.println("Selunoid Valve 2 is Off");

  digitalWrite (selunoidValve3, LOW);
```

```
Serial.println("Selunoid Valve 3 is Off");

digitalWrite (selunoidValve4, LOW);
Serial.println("Selunoid Valve 4 is Off");
delay (5000); //wait for 5 seconds

 //Stage 3: valve 2 on
digitalWrite (selunoidValve2, HIGH);
Serial.println("Selunoid Valve 2 is ON");

digitalWrite (selunoidValve3, LOW);
Serial.println("Selunoid Valve 3 is Off");

digitalWrite (selunoidValve4, LOW);
Serial.println("Selunoid Valve 4 is off");
delay (5000);

 //Stage 4: valve 2 and 3 are on
digitalWrite (selunoidValve2, HIGH);
Serial.println("Selunoid Valve 2 is ON");

digitalWrite (selunoidValve3, HIGH);
Serial.println("Selunoid Valve 3 is ON");

digitalWrite (selunoidValve4, LOW);
Serial.println("Selunoid Valve 4 is Off");
delay (5000); //wait for 5 seconds

 //Stage 5: valve 2, 3 and 4 are on
digitalWrite (selunoidValve2, HIGH);
Serial.println("Selunoid Valve 2 is ON");

digitalWrite (selunoidValve3, HIGH);
Serial.println("Selunoid Valve 3 is ON");
```

```
digitalWrite (selunoidValve4, HIGH);
Serial.println("Selunoid Valve 4 is ON");
delay (45000); //wait for 45 seconds
```

//Stage 6: valve 4 turns off, along the valve 1

```
digitalWrite (selunoidValve2, HIGH);
Serial.println("Selunoid Valve 2 is ON");

digitalWrite (selunoidValve3, HIGH);
Serial.println("Selunoid Valve 3 is ON");

digitalWrite (selunoidValve4, LOW);
Serial.println("Selunoid Valve 4 is Off");
delay (5000); //wait for 5 seconds
```

//Stage 7: valve 3 and 4 turn off, along the valve 1

```
digitalWrite (selunoidValve2, HIGH);
Serial.println("Selunoid Valve 2 is ON");

digitalWrite (selunoidValve3, LOW);
Serial.println("Selunoid Valve 3 is Off");

digitalWrite (selunoidValve4, LOW);
Serial.println("Selunoid Valve 4 is Off");
delay (5000); //wait for 5 seconds
```

//Stage 8: valve 2, 3 and 4 turn off, along valve 1

```
digitalWrite (selunoidValve2, LOW);
Serial.println("Selunoid Valve 2 is Off");

digitalWrite (selunoidValve3, LOW);
Serial.println("Selunoid Valve 3 is Off");
```

```
    digitalWrite (selunoidValve4, LOW);
    Serial.println("Selunoid Valve 4 is Off");
    delay (5000); //wait for 5 seconds
    counter_cycle = 0; // reset count
    }
}
```

Printed by Books on Demand GmbH, Norderstedt / Germany